BIOGRAPHIE.

Extrait d'un voyage au Ban-de-la-Roche (département du Bas-Rhin), et visite au pasteur Oberlin, ministre protestant de cette vallée; lu à la séance de la Société, le 23 Juillet 1824, par M. Amédée Tourette; *suivi d'une notice sur quelques curés catholiques de l'Alsace.*

CETTE partie montagneuse du département du Bas-Rhin, qui avoisine les Vosges, porte avec elle un grand intérêt, depuis que, d'un état presque sauvage, elle a passé à celui d'une civilisation assez avancée par les soins d'un seul homme doué d'une ame ardente à faire le bien, et qui a su appliquer les préceptes de l'évangile à l'amélioration du caractère moral de ses semblables et aux progrès de tout ce qui peut tendre à augmenter leur félicité présente et future.

Cet homme est M. *Fritz (Fréderic) Oberlin,* âgé actuellement de quatre-vingt-quatre ans, riche néanmoins encore d'une grande énergie physique et morale, qui lui permet de continuer de donner aux habitans des villages dont il est pasteur tous les exemples de vertu et de sagesse qu'il leur a montrés pendant plus de cinquante ans, et qui revivront, sans doute, en la personne de son gendre, M. *Graff,* pareillement ministre protestant, et de sa fille, Mad.ᵉ

Graff, femme accomplie en tout ce qui peut servir de modèle pour former de bonnes mères de famille.

Ce qu'on appelle le Ban-de-la-Roche est une vallée composée de cinq villages, dont quatre, nommés *Fouday, Belmont, Solbach, Bellefosse,* sont situés sur des hauteurs, et *Waldersbach,* qui en est le chef-lieu, dans le fond. Ce nom de Ban-de-la-Roche lui vient d'un énorme rocher qui surmonte le plateau d'un monticule où toutes les années, le jour de l'ascension, se font des jeux d'exercice institués, sous l'influence de M. Oberlin, par un fabricant du pays, nommé M. *Legrand.*

Quoique le pasteur auquel M. Oberlin succéda eût déjà fait quelques efforts pour améliorer le sort des habitans de ce canton, cependant, lorsqu'il le quitta, il était encore agreste et sauvage ; l'on n'y avait aucune idée de commerce ni d'industrie, et le sol, qui en est extrêmement ingrat, était loin de pouvoir suffire à la nourriture de sa faible population. Tant de pauvreté et de misère rendait ce canton ignoré et ses habitans totalement différens, par leur état agreste et une sorte de férocité de mœurs, des autres Alsaciens. Il fallait une ame forte et un grand courage pour succéder à l'ancien pasteur ; et ce furent ces difficultés même qui engagèrent M. Oberlin, âgé alors de trente-trois ans, de se charger de cette tàche. Au bout de quelques années ce canton changea de face, et la renommée y attira plusieurs voyageurs distingués, qui déjà ont payé à notre philanthrope leur tribut de reconnaissance en publiant ses bienfaits dans diverses notices imprimées. La Société royale et centrale d'agriculture de Paris, et après le Gouvernement, n'ont pas moins voulu contribuer aussi à récompenser les vertus du vénérable Oberlin, en lui décernant, la première une médaille d'encouragement, et le second la décoration de la légion d'honneur.

Le Comité de rédaction de notre Société a entendu avec un vif intérêt la lecture du voyage pittoresque de M. *Tourette*, depuis Strasbourg jusqu'au Ban-de-la-Roche ; mais la longueur de cette narration et de plusieurs des épisodes qui l'accompagnent, n'a pas permis de l'insérer en entier dans ce Journal : toutefois, comme notre entreprise a pour but principal de propager les connaissances utiles et de mettre au grand jour tout ce qui peut contribuer aux progrès des bonnes mœurs et des vertus sociales , et d'exciter l'émulation parmi les hommes qui, dans les fonctions que la Providence leur a confiées, peuvent le plus contribuer au bonheur de leurs semblables, il a été arrêté que l'écrit de M. Tourette serait inséré par extrait.

Après avoir décrit d'une plume légère et poétique les beautés du canal de la Bruche, la situation romantique et vraiment agréable des villes de Molsheim et de Mutzig, les beaux points de vue que l'on découvre du haut de la montagne de Heiligenberg (montagne sacrée), les divers accidens de la vallée de Schirmeck, les fourneaux de Rothau, où l'on vient fondre le riche minérai des mines de fer de *Framont*, ce voyageur nous conduit insensiblement sur la hauteur de la vallée de Waldersbach, puis à Waldersbach même, village dont les maisons sont propres, toutes égales et couvertes en chaume. Il nous mène dans celle du pasteur, qui n'a rien de distinct des autres, et il nous met en présence de sa fille, Mad.° Graff, âgée d'environ 45. ans, portant un habillement en tout semblable à celui des paysannes de ce lieu et même de sa servante, mais distinguée par l'élégance de ses manières et la pureté de son langage. Notre voyageur, ainsi que ses compagnons, retrouvent dans cette maison les anciennes mœurs et l'hospitalité patriarchales. Le pasteur, qui était absent, rentre bientôt, et, pour satisfaire aux demandes empressées de ses hôtes, les conduit dans sa bibliothèque, et veut bien leur apprendre lui-même une partie de son histoire, ainsi que les moyens qu'il a employés pour changer totalement la face du pays confié à ses soins. Voici un extrait de son récit.

« Le pasteur auquel je succédai, il y a plus d'un « demi-siècle, venait de quitter le Ban-de-la-Roche ; « on me proposa sa place : j'en causai avec ma « femme, qui me fit apercevoir le vaste champ de « réflexions que j'aurais dû avoir plutôt parcouru, en « déployant devant moi le tableau des obligations « que la conduite d'un peuple encore à moitié sau- « vage allait m'imposer.

« Nous vînmes nous établir à Waldersbach ; nous « y trouvâmes tout à créer. Mon prédécesseur, il est « vrai, était un homme de bien ; il avait commencé « la grande œuvre. Persuadé que c'est à la faveur des « maximes religieuses qu'il faut viser à des conquêtes « morales, il les enseignait à ceux que déjà il con- « sidérait comme ses enfans. En outre il leur apprit « à psalmodier avec décence et harmonie les hymnes « adressées au Seigneur. Mais des intérêts de fa-

« mille, l'impérieuse nécessité, l'obligèrent à s'éloi-
« gner, et il ne put achever de mettre à exécution
« le plan de réforme qu'il avait conçu.

« Je demeurai donc chargé de la périlleuse entre-
« prise de civiliser une population indocile et imbue
« de principes vicieux.

« Après m'être concerté avec ma compagne sur
« la marche qu'il convenait de suivre, il fut con-
« venu qu'elle se chargerait de la distribution des
« secours, surtout de ceux destinés aux personnes
« de son sexe. Pour moi, je mis dans mes attribu-
« tions toutes les relations avec les hommes et le
« soin des intérêts généraux de la population, l'ins-
« truction à propager, les différends à terminer par
« voie de conciliation, la correspondance avec di-
« verses sociétés de bienfaisance du royaume, et la
« comptabilité des ressources pécuniaires.

« Lorsque ces premières dispositions furent éta-
« blies, je songeai à la réforme morale. Un point
« auquel je m'attachai particulièrement, fut celui de
« l'extinction des haines intestines que ce peuple
« grossier nourrissait depuis long-temps. Je fis en-
« tendre la parole de Dieu ; mais, dans le commen-
« cement, ma position fut d'autant plus difficile que
« je devins moi-même le point de ralliement d'un
« parti et l'objet de l'animadversion de l'autre. Ce
« rôle ne pouvait convenir au caractère dont j'étais
« revêtu. Ma femme me fut d'un grand secours
« dans cette occasion. Elle me dit : Nous avons porté
« jusqu'à présent une main secourable chez tous
« sans distinction ; il me paraît nécessaire aujour-
« d'hui de sacrifier, pendant quelque temps, une

« partie de cette stricte équité à la nécessité de
« réunir les esprits. Nous n'avons que faire de nous
« concilier davantage ceux qui déjà nous sont ac-
« quis ; il est utile, au contraire, de ramener ceux
« qui nous sont défavorables : pour y parvenir, ac-
« cordons-leur un surcroît de bienfaits ; peut-être
« les autres y trouveront-ils un léger préjudice,
« mais il finira par être profitable à tous, si nous
« réussissons à substituer par notre exemple la tolé-
« rance à la jalousie et à la division des partis. Ce
« plan fut adopté et suivi avec activité et persévé-
« rance. Nous parvînmes à calmer la fermentation,
« mais non point à l'étouffer. Ceux qui dès le prin-
« cipe s'étaient déclarés les amis de leur pasteur,
« furent jaloux des sacrifices qu'il avait faits en fa-
« veur du parti contraire. A leur tour, ils se mon-
« trèrent indociles à ma voix ; et, comme j'appor-
« tais une grande sévérité dans tout ce qui avait
« rapport au maintien des bonnes mœurs et à
« l'obéissance aux lois, ils qualifièrent mes inten-
« tions de tyranniques et résolurent de se venger.

« Un complot se forma : il ne s'agissait de rien
« moins que de me tendre un piége et de me faire
« essuyer dans un lieu écarté des traitemens fort
« rigoureux. Ce plan me fut communiqué.

« J'aurais pu implorer l'assistance de l'autorité et
« opposer la force à la force ; mais je préférai une
« voie plus digne d'un ministre de la religion.

« Un dimanche, lorsque tous mes paroissiens
« étaient rassemblés dans le temple, je prononçai
« un sermon sur ce texte, tiré des saintes Écritures :
Si quelqu'un te donne un soufflet, présente-lui

« *encore l'autre joue.* Quand le sermon fut termi-
« né, je me retirai chez moi, et j'en sortis à une
« heure indiquée, pour entrer dans une maison où
« se tenait le conciliabule ennemi : douze ou quinze
« personnes étaient en délibération. Je m'avance, et,
« après avoir ôté tranquillement mon chapeau, je
« dis : « Je suis instruit, Messieurs, du dessein que
« vous avez d'exercer envers moi des actes que vous
« croyez être de toute justice. Je n'ose moi-même
« décider si votre projet est équitable. Peut-être,
« sans m'en apercevoir, me suis-je rendu coupable.
« L'homme se trompe facilement sur son propre
« compte ; mais je m'en rapporte aux règles de con-
« duite que je vous ai tracées, depuis que j'ai été
« appelé parmi vous : n'en ai-je point été le plus
« fidèle observateur ? Si vous ne le pensez pas, pu-
« nissez-m'en. Je me livre à vous : j'ai désiré vous
« épargner la bassesse d'un guet-à-pens. »
« Ce moyen me réussit au-delà de mes espérances ;
« et depuis lors je ne comptai plus ni partisans ni
« ennemis. Tous se réunirent sous la même bannière,
« et il me fut possible de faire marcher à grands pas
« le plan de réforme commencé. Dieu, comme satis-
« fait de mes efforts pour ramener à lui des enfans
« qui s'égaraient encore, semblait se plaire à m'a-
« dresser des ressources pour faire triompher les
« divins principes du christianisme.
« Un jour que je travaillais dans ma bibliothèque,
« j'entendis une grande rumeur dans le village. Je
« me hâte de descendre , et j'aperçois un étranger
« que presque-toute la population poursuivait en
« l'accablant d'injures. Je perce la foule ; et dès que

« l'on s'aperçoit de ma présence, le cri *c'est un*
« *Juif, c'est un Juif !* retentit de toutes parts. Je
« fais un signe de la main pour que l'on m'écoute,
« et je répète à haute voix ces paroles : *Soyons les*
« *enfans du Seigneur, qui fait briller son soleil*
« *sur le bon et sur le méchant.* M'approchant alors
« du Juif tremblant, je charge sur mes épaules le far-
« deau de marchandises qu'il portait, et je le conduis,
« en le tenant par la main, jusques à ma demeure.

« C'est par de semblables exemples que je parvins
« peu à peu à inspirer à mes paroissiens ces sen-
« timens de bienveillance pour le prochain qu'ils
« manifestent aujourd'hui ; mais ce n'est que par
« une longue persévérance que j'ai pu obtenir des
« résultats sensibles,

« Après la mort de ma femme, je m'attachai à
« l'éducation de mes enfans ; et je réalisai l'espérance
« qu'elle avait conçue de l'entière civilisation de mon
« troupeau.

« Malgré la tourmente révolutionnaire, j'étendis
« au loin mes relations avec les sociétés savantes qui
« s'occupent des progrès de l'agriculture, et avec
« les administrateurs ou les magistrats dont l'appui
« m'était nécessaire. Le Créateur a béni mon zèle ;
« il a sanctionné mes actes en m'accordant une lon-
« gue carrière. Mon terme approche maintenant ;
« ma main défaillante ne peut suivre les mouvemens
« de mon cœur ; mes genoux fléchissent sous moi ;
« mes pas mal assurés ne me conduisent que lente-
« ment vers la chaumière du malheureux : mais mon
« exemple restera ; c'est l'héritage que je laisse à mes
« enfans. » Le ministre se tut.

M. Tourette obtint encore des habitans d'autres détails, dans lesquels la modestie du pasteur n'avait pas permis à celui-ci d'entrer.

M. Oberlin, en arrivant au Ban-de-la-Roche, commença par s'occuper de l'instruction primaire. Il avait trouvé des maîtres d'école manquant de toutes les connaissances, même de celle de lire couramment et d'écrire en caractères lisibles. Il les instruisit, et composa ensuite des livres élémentaires qui renfermaient les premiers principes d'une bonne agriculture. Lorsqu'il eut obtenu en ce point quelques succès, il donna lui-même avec une patience et une persévérance vraiment évangéliques, des leçons de chant, de botanique usuelle, de physique applicable aux travaux de la campagne, de chimie pharmaceutique, aux plus intelligens d'entre ses élèves. Il trouva aussi moyen, sans nuire aux soins de l'agriculture, de leur enseigner la grammaire, la géographie, l'arithméthique et l'histoire sainte. Il imprima aux écoles organisées une marche régulière, tint les instituteurs en haleine, et monta pour le Ban-de-la-Roche une bibliothèque d'enfans, destinée aux lectures privées pendant les soirées d'hiver.

Sentant la nécessité d'établir des relations entre la contrée et les pays circonvoisins, il excita ses paroissiens à le seconder dans la construction de plusieurs routes. La pioche sur l'épaule, et une boîte remplie de poudre à canon suspendue à son cou, il marchait le premier, taillait dans la pierre, et faisait sauter des rochers que la main de l'homme n'avait pu déplacer. Son exemple produisit un enthousiasme général : chacun se fit un devoir et un

honneur de seconder les efforts du pasteur. Il jeta
un pont sur la Bruche dans un ban étranger ; envoya
dans les manufactures des environs les enfans de ses
paroissiens, qui se livrèrent dès-lors à la filature du
coton. Une seule maison de commerce valut en une
bonne année, au Ban-de-la-Roche et à ses environs,
une recette de 32,000 fr. pour gages de filature. Il
fit apprendre à plusieurs jeunes garçons les métiers
de maçon, de menuisier, de vitrier, de charron ; les
habilla et paya leur apprentissage à l'étranger. Cette
sage mesure procura aux cultivateurs tous les instrumens dont ils manquaient, et qu'ils purent acquérir
dès-lors aux prix de fabrique et à crédit.

Il leur enseigna la culture des prairies artificielles
et des pommes de terre, l'économie du fumier, qu'ils
ignoraient totalement ; planta des pépinières, et les instruisit lui-même dans l'art de greffer les arbres fruitiers. Il établit une société d'agriculture, qu'il mit en
rapport avec celle de Strasbourg ; fit venir, à ses frais,
une pompe à incendie ; mit en usage ses connaissances médicales pour détruire des pratiques supers-
titieuses, funestes à la santé publique ; envoya à Strasbourg plusieurs femmes qui étudièrent l'art de l'ac-
couchement ; créa une caisse d'emprunt pour les
avances nécessaires à l'acquisition des instrumens
aratoires et pour la distribution des aumônes, qu'il
établit d'après une échelle graduée sur les besoins.

Toutes ces institutions ne lui faisaient pas négliger ses
fonctions pastorales ; et c'est à sa grande activité dans
cette partie importante de ses occupations qu'est due
l'extrême douceur et la grande pureté de mœurs que
l'on remarque aujourd'hui parmi les habitans du Ban-

de-la-Roche. Pendant la révolution sa maison offrit un asile à tous les malheureux, quelle que fut leur religion. Enfin, avec le secours de M. *Lézay de Marnésia*, préfet du Bas-Rhin, il termina un procès qui, depuis vingt ans, ruinait ses paroissiens et entretenait les esprits dans une continuelle agitation.

L'on ne saurait méconnaître dans tous ces traits la salutaire influence que le christianisme a exercée partout où il a pénétré, et qu'il exercera jusqu'à la fin des siècles partout où il pénètrera encore : nous pourrions en fournir de grands exemples dans les îles de la mer du Sud, dont la face a totalement été changée depuis le voyage du célèbre capitaine *Cook*, par les soins infatigables des missionnaires fournis par les diverses branches du christianisme. Il faut voir d'ailleurs les rapports annuels de la Société générale des missions établie en Angleterre, pour juger des heureux effets de la prédication de l'évangile, soutenus par le bon exemple des missionnaires et par les heureux résultats de leurs leçons sur les arts et l'agriculture parmi les peuples les plus barbares. C'est là un moyen bien autrement puissant que la lyre d'Orphée, tant célébrée par les poëtes, pour attendrir et civiliser le genre humain.

Comme toutefois il ne s'agit dans cette Notice que d'un pasteur protestant, lequel a puisé dans la charité chrétienne tout le bien qu'il a fait et qu'il fait encore dans sa commune, je ne voudrais pas qu'on en induisît, pas plus que ne l'a fait M. Tourette, que, dans les temps où nous vivons, la souche ait jamais été inférieure aux diverses branches qu'elle a produites ; et la religion catholique n'a pas moins fourni, surtout parmi les pasteurs du second ordre, un grand nombre de modèles de charité propres à intéresser les amis de l'humanité, et auxquels probablement l'on a fait d'autant moins d'attention qu'ils étaient plus nombreux que parmi ceux des communions moins étendues, et que c'était naturellement pour eux un devoir dont on ne leur tenait pas compte. Je ne parlerai pas (quoique parmi tous il soit le plus éminent) de l'illustre citoyen de Dax, département des Landes, *S. Vincent de Paul,* dont M. *Tourette* a aussi honoré la mémoire dans l'opuscule dont je viens de donner l'extrait, véritable héros de la bienfaisance, auquel il est difficile de comparer aucun de nos contemporains; mais je trouverai dans l'Alsace même de vénérables curés dont les noms ignorés n'ont pas moins mérité que ceux qui ont eu leurs panégyristes, d'être produits à la reconnaissance publique. Tels sont, par exemple, M. *Étienne Bourguenez,* curé de Chaux-lès-Belfort, qui, riche de près de deux cent mille francs de patrimoine, indépendamment de son bénéfice, sacrifia le capital et les revenus pour le bonheur de ses paroissiens, et institua les pauvres ses héritiers universels (mort en 1780); M. *François Juster, du Val-d'Oie,* curé d'Essert, élève de M. *Pierron,* dont je vais parler, et qui vivait de privations pour soulager les pauvres et orner les églises (mort en 1801), etc., etc. Mais, devant me borner ici, je me contenterai de mettre en regard du philanthrope du Ban-de-la-Roche un curé catholique, M. *Pierron,* sur la vie duquel des personnes les plus dignes de foi, et en même temps ses collaborateurs et témoins oculaires (entre autres,

M. l'abbé *Descharrières*, qui a été son vicaire et lui a
fermé les yeux), m'ont fourni les renseignemens
suivans, que je crois équitable de communiquer aussi
aux lecteurs de ce journal.

« *François-Félix Pierron*, chanoine, curé de
« Belfort, né en cette ville de parens honnêtes et
« religieux, fut d'abord curé pendant six ans de la
« paroisse de Rechési (Haut-Rhin), où, sans être
« d'aucune société d'agriculture, il ne cessa pendant
« ce temps d'encourager ce premier art par ses leçons
« et par ses bienfaits. Il s'attacha spécialement à y
« répandre de bons livres, non-seulement sur la mo-
« rale religieuse, mais encore sur la tenue du bétail,
« les épizooties, le choix des céréales et des légumes,
« l'amélioration des terres, la greffe, la taille et la
« culture des arbres fruitiers ; l'aménagement des
« petites portions de bois aux particuliers ; et il eut
« la satisfaction de réussir dans la plupart de ces
« objets, comme dans le renouvellement de sa pa-
« roisse dans la pratique des exercices du christia-
« nisme. Il fit encore assainir l'atmosphère par le
« desséchement de quelques terres marécageuses et
« l'écoulement plus libre des eaux courantes. Nommé
« curé de Belfort, il continua non-seulement l'exé-
« cution des mêmes vues de bienfaisance et d'utilité
« publique qui l'avaient guidé à Rechési; mais encore
« il entreprit la grande œuvre de maintenir l'inno-
« cence des campagnes au voisinage du danger de
« la corruption. Il faut savoir que la paroisse de
« Belfort, avant la révolution, était composée non-
« seulement de cette ville de guerre frontière, mais
« encore d'un château qui avait sa garnison particu-

« lière avec un état-major, et de plus, de quatre
« faubourgs populeux, placés au-delà du glacis, et
« de quatre villages, dont le plus proche était à une
« demi-lieue de la forteresse; deux autres, le Val-d'Oie
« et Offemont, à une lieue, et le Salbert bien au-
« delà. Ces différens faubourgs et communes n'avaient
« d'autre lieu de rassemblement religieux que l'église
« paroissiale, transférée du penchant du château
« sur la Place d'armes, de mémoire d'homme. Ces
« bons campagnards, garçons et filles, hommes et
« femmes, pour y parvenir, n'avaient qu'une seule
« avenue, la porte de France, garnie en tout temps
« d'un corps-de-garde nombreux et environné de
« pavillons d'officiers, où la continence n'était pas
« à l'ordre du jour.

« M. Pierron avait pu voir dès sa jeunesse tous
« les inconvéniens moraux de cet ordre de choses,
« et pendant les deux ans qu'il exerça les fonctions
« de vicaire, il avait eu toutes les occasions de faire
« des vœux pour une distribution paroissiale plus
« analogue aux mœurs du siècle et aux besoins des
« communes agricoles. Il manifesta ses intentions
« dès son entrée dans la paroisse, et il les répéta en
« toute occassion à ceux qu'il honorait de sa con-
« fiance. Il eut enfin le bonheur de réussir dans
« cette grande entreprise, mais après vingt ans de
« contradictions. Il en éprouva de la part de son
« chapitre, de la duchesse Mazarin, comtesse de
« Belfort, et de plusieurs personnes de distinction,
« comme décimateurs. Il eut même à combattre l'in-
« différence d'une ou deux de ses communes; mais,
« celle du Val-d'Oie ayant adopté son projet avec

« reconnaissance, un particulier du lieu donna le
« terrain nécessaire pour une nouvelle église et le
« cimetière. Les murs s'élevèrent avec rapidité, et
« l'on commença à y célébrer les saints mystères
« avec l'autorisation de l'Ordinaire diocésain. Ce
« pasteur charitable fut aidé dans cette entreprise
« par M. l'abbé de Clermont-Tonnerre, alors vi-
« caire-général de Besançon, aujourd'hui cardinal,
« archevêque de Toulouse, pair de France; par M.
« Poujol, doyen du Conseil souverain d'Alsace,
« et par M.me l'abbesse de Masevaux. M. Pierron
« termina cette bonne œuvre en léguant son patri-
« moine pour doter convenablement la nouveelle
« succursale, et il choisit sa sépulture dans le cime-
« tière du lieu.

« Ces bonnes œuvres furent accompagnées et sui-
« vies d'un grand nombre d'autres. M. Pierron,
« touché de voir dans sa paroisse un grand nombre
« de filles sans fortune, sans instruction, sans talens,
« entreprit de former un établissement pour les ins-
« truire, les élever, les arracher à la misère, à la
« mendicité et au vice. Il institua pour cela une
« congrégation de religieuses, approuvée de l'Ordi-
« naire, sous le titre de *Sainte-Catherine* ou de la
« *Présentation Notre-Dame,* destinée spécialement
« à l'instruction chrétienne des jeunes personnes de
« leur sexe. Elles tenaient des pensionnaires et des
« élèves externes, même sans rétribution. Il y avait
« une classe particulière pour les pauvres, à qui
« l'on fournissait, outre les instructions, quelques
« alimens, des habits, des livres de prières, selon
« les ressources de la charité, dont M. Pierron était

« le grand mobile. Dès 1770, il avait acquis une
« maison pour cet objet ; les règles avaient été ap-
« prouvées en 1772, et des lettres-patentes du Roi,
« en confirmation de l'établissement, enregistrées au
« conseil souverain d'Alsace en 1772. Combien de
« sacrifices et de travaux cet établissement ne coûta-
« t-il pas à M. Pierron !

« Il contribuait en même temps à donner des mis-
« sions dans sa paroisse, et à en assurer le retour
« périodique dans des temps fixes et opportuns.

« Les écoles publiques étaient tenues, surveillées
« et alimentées en sujets pauvres par les libéralités
« du pasteur. Les pauvres malades qui, par leur
« quantité, ne trouvaient pas de place à l'hôpital
« civil (dit de S.ᵉ-Barbe), recevaient de l'association
« des Dames de la charité, dirigée par le pasteur,
« bouillons, remèdes, lits, alimens : les pauvres
« honteux n'étaient pas oubliés, et quelquefois, sans
« avoir rien demandé, ils se voyaient prévenus
« par les libéralités d'un homme qui avait les yeux
« continuellement ouverts sur tous les besoins de ses
« nombreux paroissiens. Il y avait dans sa paroisse
« plusieurs officiers retirés avec de modiques pensions
« et de grosses familles ; il les invitait souvent à sa
« table, leur donnait un repas honnête, assaisonné
« d'une gaieté chrétienne et de réflexions religieuses.
« Il s'intéressait surtout à placer leurs enfans. Il
« trouvait en même temps des ressources tantôt pour
« doter des religieuses, tantôt pour marier des filles
« pauvres, mais vertueuses. Sa charité s'étendait
« même à des filles perdues, lorsqu'il les savait
« malades : il leur faisait passer secrètement des se-

« cours par des mains prudentes, qui les accompa-
« gnaient de remontrances touchantes et analogues
« à leur situation.

« Ses ennemis surtout avaient sur son cœur un
« droit privilégié : il suffisait de lui avoir fait quelque
« injure ou causé quelque chagrin pour avoir part
« à ses bienfaits ; il en recherchait l'occasion et
« il la saisissait avec une satisfaction qu'il était
« aisé de remarquer sur son visage. Une commu-
« nauté religieuse de sa paroisse lui suscita quelques
« contradictions : il n'en fut pas moins l'ami du
« corps et des individus, sans mollir cependant sur
« ses devoirs de pasteur. Attaqué souvent par des
« malfaiteurs, jamais il ne voulut les nommer. Dans
« toutes ses résolutions, après ses retraites annuelles,
« dont on a trouvé les originaux après sa mort, on
« trouve le pardon des injures, l'amour des ennemis,
« l'oubli des injustices. Un de ses paroissiens l'ar-
« racha une nuit des bras d'un assassin ; le pasteur,
« se relevant, lui donna un écu de six francs, en
« le priant de ne pas faire connaître le malheureux.

« Quelles ressources avait donc cet homme rare
« pour faire face à tant de dépenses ? Son patrimoine
« n'était pas considérable ; son bénéfice était mo-
« dique, pris égard à ce qu'il n'était pas logé et qu'il
« avait à sa charge encore deux vicaires. Sa princi-
« pale ressource était dans ses privations : il s'abste-
« nait habituellement de vin ; il ne faisait qu'un
« repas fort léger vers le milieu du jour ; une tasse
« de lait lui suffisait le soir, et le matin un verre
« d'eau avec un petit morceau de pain. Ses meubles
« étaient simples et dans le stricte nécessaire. Il

« couchait sur la dure ; son chevet était une bûche
« brute. Il n'avait jamais que deux soutanes ou autres
« habits ; ne faisait point de feu dans sa chambre,
« hormis le cas de maladie grave, et dans les temps
« les plus rigoureux, lorsqu'il se trouvait transi de
« froid, il passait dans son bûcher, sciait et fendait
« du bois pour le distribuer aux pauvres.

« Cela ne l'empêchait pas d'être honorable, d'exercer
« l'hospitalité envers ses confrères et autres personnes
« honnêtes, et de donner avec décence les repas
« que l'usage ou la bienséance imposait à sa place ;
« mais en tout cela on remarquait toujours ce dis-
« ciple, de cœur et d'affection, d'un Dieu pauvre et
« ami de l'humanité. A l'issue d'un repas de céré-
« monie qu'il avait été obligé de donner, on s'aperçut
« que ses couverts d'argent étaient volés. — « Ce n'est
« rien, dit-il ; point de recherches là-dessus : il n'y
« aura point de rechute ; on ne trouvera jamais plus
« rien à dérober en ce genre chez moi ; à l'avenir,
« couverts d'acier. » Et il tint parole.

« Par son testament il fit encore des legs considé-
« rables pour sa fortune à l'association des Dames
« de la Charité et à l'hospice. Ses charités, enfin,
« étaient si abondantes, qu'à sa mort, qui arriva le
« 11 Décembre 1780, ses ennemis l'accusèrent
« d'avoir laissé des dettes insolvables ; la chose fut
« même portée en justice ; mais la cause ne fut point
« appelée, parce qu'on craignit la confusion. »

On essaya même par la suite, pour démontrer
que la bienfaisance n'avait pas besoin du secours
de la religion, d'affecter avec éclat de faire des au-

mônes et autres bonnes œuvres ; mais ces essais, qui ne durèrent qu'un instant, servirent d'autant plus à faire voir que le caractère, comme la charité du pieux pasteur, était inimitable.

Du reste, on ne finirait pas si l'on voulait rapporter tous les exemples marquans en ce genre, même de mémoire d'homme, et il est bien connu que la plupart des fondations qui existaient dans les campagnes avant la révolution, étaient le produit des économies et de la charité des anciens pasteurs, qui en avaient fait ainsi le patrimoine de leurs pauvres ; et c'est ce que l'humanité a encore le droit d'espérer des ministres de notre divin Maître et des successeurs de ses glorieux Apôtres, qui ne font pas de la mission dont ils se sont chargés un objet de vanité, de fortune, d'intrigues, de bonne chère et de domination temporelle.

F. E. FODERÉ.

Strasbourg, de l'imprimerie de F. G. Levrault.